大方廣佛華嚴經 寫經

32

🪷 일러두기

1. 『사경본 한글역 대방광불화엄경』은 『독송본 한문·한글역 대방광불화엄경』에 수록된 한글역을 사경
   하는 데 편의를 도모하기 위해 편집을 달리하여 간행한 것이다.

2. 『독송본 한문·한글역 대방광불화엄경』은 실차난타가 한역(695~699)한 80권 『대방광불화엄경』의
   한문 원문과 한글역을 함께 수록한 것이다. 한문 저본은 고종 2년(1865) 월정사에서 인경한 고려대
   장경 『대방광불화엄경』이다.

3. 한글 번역은 동국역경원에서 발간한 한글 『대방광불화엄경』(운허)을 중심으로 하고 『신화엄경합론』
   (탄허)과 『대방광불화엄경 강설』(여천무비) 그리고 최근의 여타 번역본 등을 참조하였다.

4. 한글 번역은 독송과 사경을 위하여 정확성과 아울러 가독성을 고려하였다. 극존칭은 부처님과 불경
   계에 대해서만 사용하였다.

5. 사경본의 차례는 일러두기 → 한글역 본문 → 화엄경 목차 → 간행사이며 80권 『대방광불화엄경』의
   권별 목차 순으로 독송본과 함께 간행한다. (법공양판에는 간행사 다음에 간행불사 동참자를 밝혀
   두었다.)

사경본 한글역

대방광불화엄경 제32권

25. 십회향품 [10]

수미해주

대방광불화엄경 제32권 변상도

대방광불화엄경

제 32 권

25. 십회향품 [10]

_____ 은(는)『대방광불화엄경』을
사경하는 인연공덕으로
『화엄경』이 널리 유통되고
우리 모두 다함께 보리 이루기를 발원하옵니다.

대방광불화엄경
제32권

25. 십회향품 [10]

"불자들이여, 무엇을 보살마하살의 법계와 같은 한량없는 회향이라 하는가?

불자들이여, 이 보살마하살이 깨

끗한 비단으로 그 정수리에 매고 법
사의 지위에 머물러 법보시를 널리
행한다.

큰 자비를 일으켜 중생들을 보리심
에 편안히 머무르게 하며, 항상 요익
을 행하여 쉬지 아니하며, 보리심으
로 선근을 기르며, 모든 중생들을 위
하여 조어사가 되어서 모든 중생들
에게 일체지의 길을 보인다.

모든 중생들을 위하여 법장의 태양
이 되어서 선근의 광명으로 일체를
널리 비추며, 모든 중생들에게 그 마

음이 평등하여 모든 선행을 닦아 쉬지 아니하며, 마음이 깨끗하여 물듦이 없어서 지혜가 자재하여 일체 선근의 도업을 버리지 아니한다.

모든 중생들에게 큰 지혜 있는 상단 주인이 되어서 널리 안온하고 바른 길에 들어가게 하며, 모든 중생들을 위하여 인도하는 상수가 되어서 일체 선근의 법과 행을 닦게 하며, 모든 중생들을 위하여 깨뜨릴 수 없는 견고한 선우가 되어서 그 선근이 증장하여 성취케 한다.

불자들이여, 이 보살마하살이 법
보시를 으뜸으로 하여 일체 청정한
백법을 내고, 섭수하여 일체지의 마
음에 나아가며, 수승한 원력이 끝까
지 견고하며, 성취하고 더욱 더하여
큰 위덕을 갖추며, 선지식을 의지하
여 마음에 아첨하고 속임이 없으며,
일체지의 문과 가없는 경계를 사유
하고 관찰한다.

이 선근으로 이와 같이 회향한다.

닦아 익힘을 얻어서 광대하고 걸림 없는 일체 경계를 성취하고 증장케 하기를 원하며, 부처님의 바른 가르침 가운데 내지 한 문구나 한 게송만 들어도 받아 지니고 연설할 수 있기를 원하며, 법계와 더불어 동등한 한량없고 가없는 일체 세계의 과거와 미래와 현재의 일체 모든 부처님을 생각하며, 이미 생각하고서는 보살행을 닦기를 원한다.

또 이 부처님을 생각하는 선근으로

한 중생을 위하여 한 세계에서 미래 겁이 다하도록 보살의 행을 닦고 한 세계에서와 같이 온 법계와 허공계의 일체 세계에서도 다 또한 이와 같이 하며, 한 중생을 위하는 것과 같이 일체 중생을 위해서도 또한 다시 이와 같이 한다.

좋은 방편으로 낱낱이 다 위하되 미래겁이 다하도록 큰 서원으로 장엄하여 마침내 부처님과 선지식을 떠날 생각이 없으며, 항상 모든 부처님께서 그 앞에 나타나심을 보며, 한 부처님도 세상에 출현하심에 친근하지 못함이 없기를 원한다.

일체 모든 부처님과 모든 보살들이 찬탄하고 말씀하신 청정한 범행을 서원하고 수행하여 모두 원만하게 한다.

이른바 파괴되지 않는 범행과 모자람 없는 범행과 잡되지 않은 범행과 티 없는 범행과 잃음이 없는 범행과 가릴 수 없는 범행과 부처님께서 칭찬하시는 바 범행과 의지할 바 없는

범행과 얻을 것 없는 범행과 보살의
청정을 더욱 더하는 범행이다.

삼세의 모든 부처님께서 행하시는
범행과 걸림이 없는 범행과 집착이
없는 범행과 다툼이 없는 범행과 멸
함이 없는 범행과 편안히 머무르는
범행과 견줄 데 없는 범행과 흔들림
이 없는 범행과 산란함이 없는 범행
과 성냄이 없는 범행이다.

불자들이여, 보살마하살이 만약
자기를 위하여 이와 같이 청정한 범

행을 수행하면 곧 능히 널리 일체 중생을 위하게 된다.

일체 중생이 다 편안히 머무르게 하며, 일체 중생이 다 밝게 알게 하며, 일체 중생이 다 성취케 하며, 일체 중생이 다 청정케 하며, 일체 중생이 다 때가 없게 하며, 일체 중생이 다 밝게 비춤을 얻게 하며, 일체 중생이 모든 물듦을 여의게 한다.

일체 중생이 모든 막힘이 없게 하며, 일체 중생이 모든 뜨거운 번뇌를 여의게 하며, 일체 중생이 모든 얽힘

과 속박을 여의게 하며, 일체 중생이
모든 악을 영원히 여의게 하며, 일체
중생이 모든 괴로움과 해침이 없고
끝까지 청정케 한다.

무슨 까닭인가?

보살마하살이 자기가 범행에 능히
청정하지 못하면 능히 다른 이로 하
여금 청정함을 얻게 하지 못하며, 자
기가 범행에서 퇴전함이 있으면 능히
다른 이로 하여금 퇴전함이 없게 하
지 못한다.

자기가 범행에 잘못됨이 있으면 다

른 이로 하여금 잘못됨이 없게 하지 못하며, 자기가 법행에서 멀리 떠남이 있으면 능히 다른 이로 하여금 항상 멀리 떠나지 않게 하지 못한다.

자기가 법행에 게으름이 있으면 능히 다른 이로 하여금 게으름을 내지 않게 하지 못하며, 자기가 법행에 믿음과 이해를 내지 않으면 능히 다른 이로 하여금 마음에 믿음과 이해를 내게 하지 못한다.

자기가 법행에 편안히 머무르지 않으면 능히 다른 이로 하여금 편안히 머무르게 하지 못하며, 자기가 범행에 증득하여 들어가지 않으면 능히 다른 이로 하여금 마음이 증득하여 들어가게 하지 못한다.

자기가 범행을 놓아 버리면 능히 다른 이로 하여금 항상 놓아 버리지 않게 하지 못하며, 자기가 범행에 흔들림이 있으면 능히 다른 이로 하여금 마음이 흔들리지 않게 하지 못한다.

무슨 까닭인가?

보살마하살이 전도됨이 없는 행에 머물러야 전도됨이 없는 법을 설하며, 말하는 것이 성실하여야 말한 대로 수행하며, 몸과 입과 뜻을 깨끗이 하여야 모든 물듦을 여의며, 걸림 없는 행에 머물러야 일체 장애를 멸한다.

보살마하살이 스스로 깨끗한 마음을 얻어야 다른 이를 위하여 청정한 마음의 법을 연설하며, 스스로 화평하고 참음을 닦아 모든 선근으로 그 마음을 조복하여야 다른 이로 하여금 화평하고 참아서 모든 선근으로 그 마음을 조복하게 한다.

스스로 의혹과 뉘우침을 여의어야 또한 다른 사람으로 하여금 의혹과 뉘우침을 길이 여의게 하며, 스스로 깨끗한 신심을 얻어야 또한 다른 이로 하여금 깨끗한 신심을 깨뜨리지 않게 하며, 스스로 바른 법에 머물러야 또한 중생들로 하여금 바른 법에 편안히 머무르게 한다.

불자들이여, 보살마하살이 다시 법을 보시하여 생긴 선근으로 이와 같이 회향한다.

이른바 '원하오니 내가 일체 모든 부처님의 다함없는 법문을 얻어서 널리 중생들을 위하여 분별하고 해설하되, 모두 환희하여 마음에 만족을 얻게 하며 일체 외도의 다른 논리를 꺾어 멸하여지이다.'라고 한다.

'원하오니 내가 능히 일체 중생을 위하여 삼세 모든 부처님의 법바다

를 연설하여지이다. 낱낱 법의 생기
와 낱낱 법의 이치와 낱낱 법의 이름
과 낱낱 법의 안립과 낱낱 법의 해설
과 낱낱 법의 나타내 보임과 낱낱 법
의 문호와 낱낱 법의 깨달아 들어감
과 낱낱 법의 관찰과 낱낱 법의 나누
어진 지위에서 모두 가없고 다함없
는 법장을 얻어 두려울 바 없음을 얻
고, 네 가지 변재를 갖추어서 널리
중생들을 위하여 분별하여 해설하되
미래제가 다하도록 다함이 없어지이
다.'라고 한다.

일체 중생으로 하여금 수승한 뜻과 원을 세워 걸림이 없고 그릇됨이 없는 변재를 내게 하려는 것이며, 일체 중생으로 하여금 다 환희를 내게 하려는 것이다.

일체 중생으로 하여금 일체 깨끗한 법의 광명을 성취하고 그 부류의 음성을 따라 끊임없이 연설케 하려는 것이며, 일체 중생으로 하여금 깊이 믿고 환희하여 일체지에 머물러서 모든 법을 분명히 알아 미혹함이 없게 하려는 것이다.

이 생각을 하여 말한다.

'내가 마땅히 널리 일체 세계에서 모든 중생들을 위하여 부지런히 닦아 익혀 법계에 두루한 한량없이 자재한 몸을 얻으며, 법계에 두루한 한량없이 광대한 마음을 얻으며, 법계와 동등한 한량없이 청정한 음성을 갖추며, 법계와 동등한 한량없는 대중이 모인 도량을 나타내리라.

법계와 동등한 한량없는 보살의 업을 닦으며, 법계와 동등한 한량없는 보살의 머무름을 얻으며, 법계와 동등한 한량없는 보살의 평등을 증득하며, 법계와 동등한 한량없는 보살의 법을 배우며, 법계와 동등한 한량없는 보살행에 머무르며, 법계와 동등한 한량없는 보살의 회향에 들어가리라.'

이것이 보살마하살이 모든 선근으로 회향함이니, 중생들로 하여금 일체지를 모두 성취함을 얻게 하기 위한 까닭이다.

불자들이여, 보살마하살이 다시 선근으로 이와 같이 회향한다.

이른바 법계와 동등한 한량없는 모든 부처님을 친견하며, 법계와 동등한 한량없는 중생들을 조복하며, 법계와 동등한 한량없는 부처님 세계에 머무르며, 법계와 동등한 한량없는 보살의 지혜를 증득하려 한다.

법계와 동등한 한량없는 두려울 바 없음을 얻으며, 법계와 동등한 한량없는 모든 보살들의 다라니를 이루며, 법계와 동등한 한량없는 모든 보살들의 부사의한 머무름을 얻으며, 법계와 동등한 한량없는 공덕을 갖추며, 법계와 동등한 한량없는 중생들을 이익하게 하는 선근을 원만케 하려 한다.

또 원하기를, '이 선근으로 내가 복덕의 평등과 지혜의 평등과 힘의 평등과 두려움 없음의 평등과 청정함의 평등과 자재함의 평등과 바른 깨달음의 평등과 설법의 평등과 이치의 평등과 결정함의 평등과 일체 신통의 평등을 얻어서, 이와 같은 등

법이 모두 다 원만케 하여지이다.

 내가 얻은 것처럼 원하오니 일체 중생도 또한 이와 같이 얻어서 나와 같아 다름이 없어지이다.'라고 한다.

 불자들이여, 보살마하살이 다시 선근으로 이와 같이 회향한다.

 이른바 법계가 한량이 없는 것처럼 선근의 회향도 또한 다시 이와 같아서 얻는 지혜가 마침내 한량이 없으며, 법계가 가없는 것처럼 선근의 회향도 또한 다시 이와 같아서 일체 부처님을 친견함이 그 끝이 없다.

법계가 제한이 없는 것처럼 선근의 회향도 또한 다시 이와 같아서 모든 부처님의 세계에 나아감이 제한이 없으며, 법계가 끝이 없는 것처럼 선근의 회향도 또한 다시 이와 같아서 일체 세계에서 보살행을 닦음이 끝이 없다.

법계가 끊어짐이 없는 것처럼 선근의 회향도 또한 다시 이와 같아서 일체지에 머물러 영원히 단절함이 없으며, 법계가 한 성품인 것처럼 선근

의 회향도 또한 다시 이와 같아서 일
체 중생과 더불어 지혜의 성품이 동
일하다.

　법계의 자성이 청정한 것처럼 선근
의 회향도 또한 다시 이와 같아서 일
체 중생으로 하여금 끝까지 청정케
하며, 법계가 수순하는 것처럼 선근
의 회향도 또한 다시 이와 같아서 일
체 중생으로 하여금 모두 다 보현의
행원을 수순하게 한다.

　법계가 장엄한 것처럼 선근의 회향
도 또한 다시 이와 같아서 일체 중

생으로 하여금 보현행으로 장엄하게 하며, 법계가 깨뜨릴 수 없는 것처럼 선근의 회향도 또한 다시 이와 같아서 모든 보살들로 하여금 모든 청정한 행을 영원히 깨뜨리지 않게 한다.

불자들이여, 보살마하살이 다시 이 선근으로 이와 같이 회향한다.

이른바 이 선근으로 일체 모든 부처님과 보살들을 받들어 섬겨서 다 환희케 하기를 원하며, 이 선근으로 일체지의 성품에 빨리 들어가기를 원하며, 이 선근으로 일체 처에 두루 하여 일체지를 닦기를 원하며, 이 선근으로 일체 중생이 항상 일체 모든 부처님께 가서 뵙게 하기를 원한다.

이 선근으로 일체 중생이 항상 모든 부처님을 친견하고 능히 불사를 짓게 하기를 원하며, 이 선근으로 일체 중생이 항상 부처님을 친견하고 부처님 일에 태만한 마음을 내지 않게 하기를 원하며, 이 선근으로 일체 중생이 항상 부처님을 친견하고 마음이 기쁘고 청정하여 퇴전함이 없게 하기를 원한다.

이 선근으로 일체 중생이 항상 부처님을 친견하고 마음에 잘 이해하게 하기를 원하며, 이 선근으로 일체 중생이 항상 부처님을 친견하되 집착을 내지 않게 하기를 원하며, 이 선근으로 일체 중생이 항상 부처님을 친견하고 밝게 통달하여 걸림이 없게 하기를 원한다.

이 선근으로 일체 중생이 항상 부처님을 친견하고 보현행을 이루게 하기를 원하며, 이 선근으로 일체 중생이 항상 모든 부처님이 그 앞에 나타나 계심을 친견하고 잠시도 떠남이 없게 하기를 원한다.

이 선근으로 일체 중생이 항상 모든 부처님을 친견하여 보살의 한량없는 모든 힘을 출생하게 하기를 원하며, 이 선근으로 일체 중생이 항상 모든 부처님을 친견하고 일체 법을 영원히 잊지 않게 하기를 원한다.

불자들이여, 보살마하살이 또 모

든 선근으로 이와 같이 회향한다.

이른바 법계의 일어남이 없는 성품과 같이 회향하며, 법계의 근본 성품과 같이 회향하며, 법계의 자체 성품과 같이 회향하며, 법계의 의지함이 없는 성품과 같이 회향하며, 법계의 잊어버림이 없는 성품과 같이 회향한다.

법계의 공하여 없는 성품과 같이 회향하며, 법계의 적정한 성품과 같이 회향하며, 법계의 처소가 없는 성품과 같이 회향하며, 법계의 옮기고

움직임이 없는 성품과 같이 회향하며, 법계의 차별이 없는 성품과 같이 회향한다.

불자들이여, 보살마하살이 다시 법보시의 있는 바 베풀어 보임과 있는 바 깨우침과 그리고 이것을 인하여 일어난 일체 선근으로 이와 같이 회향한다.

이른바 일체 중생이 보살 법사가 되어 항상 모든 부처님의 호념하시는 바가 되기를 원하며, 일체 중생이 위없는 법사가 되어 방편으로 일체 중생을 일체지에 나란히 있게 하기를 원하며, 일체 중생이 굽힘이 없는 법사가 되어 일체 질문에 능히 막힘이 없기를 원한다.

일체 중생이 걸림이 없는 법사가 되어 일체 법에 걸림이 없는 광명을 얻기를 원하며, 일체 중생이 지혜 창고의 법사가 되어 능히 선교로 일체 부처님의 법을 설하기를 원하며, 일체 중생이 모든 여래의 자재한 법사

가 되어 여래의 지혜를 잘 능히 분별
하기를 원한다.

일체 중생이 눈과 같은 법사가 되
어 실상과 같은 법을 설하되 다른 이
의 가르침을 말미암지 않기를 원하
며, 일체 중생이 일체 불법을 기억하
여 지니는 법사가 되어 이치대로 연
설하고 문구와 뜻을 어기지 않기를
원하며, 일체 중생이 형상이 없는 도
를 수행하는 법사가 되어 모든 묘한
모습으로 스스로 장엄하고 한량없
는 광명을 놓아 모든 법에 잘 들어가

기를 원한다.

일체 중생이 큰 몸의 법사가 되어 그 몸이 일체 국토에 널리 두루하여 큰 법구름을 일으켜 모든 불법을 비내리기를 원하며, 일체 중생이 법장을 두호하는 법사가 되어 이길 이 없는 깃대를 세우고 모든 불법을 보호하여 바른 법바다로 하여금 이지러짐이 없게 하기를 원한다.

일체 중생이 일체 법의 태양 법사가 되어 부처님의 변재를 얻어 모든 법을 공교하게 설하기를 원하며, 일체 중생이 미묘한 음성의 방편 법사가 되어 가없는 법계장을 잘 설하기를 원하며, 일체 중생이 법의 피안에 이른 법사가 되어 지혜의 신통으로 정법의 창고를 열기를 원한다.

일체 중생이 바른 법에 편안히 머무르는 법사가 되어 여래의 구경의 지혜를 연설하기를 원하며, 일체 중생이 모든 법을 밝게 통달하는 법사가 되어 한량없고 다함없는 공덕을 능히 설하기를 원하며, 일체 중생이 세간을 속이지 않는 법사가 되어 능히 방편으로써 실제에 들어가게 하기를 원한다.

일체 중생이 모든 마군의 무리들을 깨뜨리는 법사가 되어 일체 마군의 업을 잘 능히 알기를 원하며, 일체 중생이 모든 부처님께서 섭수해 주시는 법사가 되어 '나'와 '나의 것'에 거두는 마음을 여의기를 원하며, 일체 중생이 일체 세간을 안온하게 하는 법사가 되어 보살의 설법하는 원력을 성취하기를 원한다.

불자들이여, 보살마하살이 다시 모든 선근으로 이와 같이 회향한다.

이른바 업에 취착하는 까닭으로 회향함이 아니며, 과보에 취착하는 까닭으로 회향함이 아니며, 마음에 취착하는 까닭으로 회향함이 아니며, 법에 취착하는 까닭으로 회향함이 아니며, 일에 취착하는 까닭으로 회향함이 아니다.

인에 취착하는 까닭으로 회향함이 아니며, 말과 음성에 취착하는 까닭으로 회향함이 아니며, 단어와 문구와 글자에 취착하는 까닭으로 회향함이 아니며, 회향에 취착하는 까닭으로 회향함이 아니며, 중생을 이익케 함에 취착하는 까닭으로 회향함이 아니다.

불자들이여, 보살마하살이 다시 선근으로 이와 같이 회향한다.

이른바 색의 경계에 탐착하는 까닭으로 회향함이 아니며, 소리와 향기와 맛과 감촉과 법의 경계에 탐착하

는 까닭으로 회향함이 아니며, 하늘
에 태어나기를 구하는 까닭으로 회
향함이 아니며, 욕락을 구하는 까닭
으로 회향함이 아니며, 욕심의 경계
에 집착하는 까닭으로 회향함이 아
니다.

권속을 구하는 까닭으로 회향함이
아니며, 자재함을 구하는 까닭으로
회향함이 아니며, 생사의 낙을 구하
는 까닭으로 회향함이 아니며, 생사
에 집착하는 까닭으로 회향함이 아
니며, 모든 유를 즐기는 까닭으로 회

향함이 아니며, 화합의 즐거움을 구
하는 까닭으로 회향함이 아니다.

즐겨 집착할 곳을 구하는 까닭으
로 회향함이 아니며, 독으로 해하려
는 마음을 품은 까닭으로 회향함이
아니며, 선근을 파괴하려는 까닭으
로 회향함이 아니며, 삼계에 의지하
려는 까닭으로 회향함이 아니며, 모
든 선정과 해탈과 삼매에 집착하는
까닭으로 회향함이 아니며, 성문이
나 벽지불의 승에 머물려는 까닭으
로 회향함이 아니다.

다만 일체 중생을 교화하고 조복하기 위한 까닭으로 회향하며, 다만 일체지의 지혜를 만족하기 위한 까닭으로 회향하며, 다만 걸림 없는 지혜를 얻기 위한 까닭으로 회향한다.

다만 장애가 없고 청정한 선근을 얻기 위한 까닭으로 회향하며, 다만 일체 중생으로 하여금 생사에서 벗어나 큰 지혜를 증득케 하기 위한 까닭으로 회향하며, 다만 큰 보리심이 금강과 같아서 깨뜨릴 수 없게 하기 위한 까닭으로 회향한다.

다만 구경에 죽지 않는 법을 성취하기 위한 까닭으로 회향하며, 다만 한량없는 장엄으로 부처님의 종성을 장엄하여 일체지의 자재함을 나타내 보이기 위한 까닭으로 회향하며, 다만 보살의 일체 법에 밝은 큰 신통과 지혜를 구하기 위한 까닭으로 회향한다.

다만 온 법계와 허공계의 일체 부처님 세계에서 보현행을 행하여 원만하며 물러나지 않고, 견고한 큰 서원의 갑옷을 입고, 일체 중생으로 하여금 보현의 지위에 머무르게 하기 위한 까닭으로 회향한다.

다만 미래겁이 다하도록 중생들을 제도하여 해탈케 하되 항상 쉬지 아니하며 일체지의 지위에서 걸림 없는 광명을 나타내 보여 항상 끊어지지 않게 하기 위한 까닭으로 회향한다.

불자들이여, 보살마하살이 저 선근으로 회향할 때에 이와 같은 마음으로 회향한다.

이른바 본 성품이 평등한 마음으로 회향하며, 법의 성품이 평등한 마음으로 회향하며, 일체 중생의 한량없이 평등한 마음으로 회향하며, 다름이 없는 평등한 마음으로 회향하며, 자성이 일어남이 없이 평등한 마음으로 회향한다.

모든 법이 어지러움이 없음을 아는 마음으로 회향하며, 삼세가 평등함에 들어가는 마음으로 회향하며, 삼세 모든 부처님의 종성을 출생하는 마음으로 회향하며, 물러나지 않는 신통을 얻는 마음으로 회향하며, 일체지의 행을 생성하는 마음으로 회향한다.

또 일체 중생이 일체 지옥을 영원히 여의게 하기 위한 까닭으로 회향하며, 일체 중생이 축생의 갈래에 들어가지 않게 하기 위한 까닭으로 회향하며, 일체 중생이 염라왕의 처소에 가지 않게 하기 위한 까닭으로 회향한다.

일체 중생이 일체 도를 장애하는

법을 멸하여 없애게 하기 위한 까닭
으로 회향하며, 일체 중생이 일체 선
근을 만족케 하기 위한 까닭으로 회
향하며, 일체 중생이 능히 때에 응하
여 법륜을 굴리어 일체를 환희케 하
기 위한 까닭으로 회향한다.

일체 중생이 십력의 바퀴에 들어가
게 하기 위한 까닭으로 회향하며, 일
체 중생이 보살의 가없는 청정한 법
의 원을 만족케 하기 위한 까닭으로
회향하며, 일체 중생이 일체 선지식
의 가르침을 수순하여 보리심의 그

롯이 만족함을 얻게 하기 위한 까닭으로 회향한다.

일체 중생이 매우 깊은 불법을 받아 지녀 수행하여 일체 부처님의 지혜 광명을 얻게 하기 위한 까닭으로 회향하며, 일체 중생이 모든 보살들의 장애 없는 행을 닦아서 앞에 항상 나타나게 하기 위한 까닭으로 회향하며, 일체 중생이 모든 부처님께서 그 앞에 나타나심을 항상 보게 하기 위한 까닭으로 회향한다.

일체 중생이 청정한 법의 광명이

항상 앞에 나타나게 하기 위한 까닭
으로 회향하며, 일체 중생이 두려움
이 없는 큰 보리심이 항상 앞에 나타
나게 하기 위한 까닭으로 회향한다.

일체 중생이 보살의 부사의한 지
혜가 항상 앞에 나타나게 하기 위한
까닭으로 회향하며, 일체 중생이 중
생을 널리 구호하여 청정한 대비심이
항상 앞에 나타나게 하기 위한 까닭
으로 회향한다.

일체 중생이 말할 수 없이 말할 수
없는 수승하고 미묘한 장엄거리로

일체 모든 부처님 세계를 장엄케 하기 위한 까닭으로 회향하며, 일체 중생이 일체 온갖 마군의 투쟁하는 그물의 업을 없애게 하기 위한 까닭으로 회향한다.

일체 중생이 일체 부처님 세계에서 모두 의지하는 바 없이 보살행을 닦게 하기 위한 까닭으로 회향하며, 일체 중생이 일체종지의 마음을 내어 일체 부처님 법의 광대한 문에 들어가게 하기 위한 까닭으로 회향한다.

불자들이여, 보살마하살이 또 이 선근으로 바른 생각이 청정함으로 회향하며, 지혜가 결정함으로 회향하며, 일체 부처님 법의 방편을 다 앎으로 회향한다.

한량없고 걸림 없는 지혜를 성취하기 위한 까닭으로 회향하며, 청정하고 수승한 마음을 만족하려는 까닭으로 회향한다.

일체 중생을 위하여 대자에 머무르는 까닭으로 회향하며, 일체 중생을 위하여 대비에 머무르는 까닭으로 회향하며, 일체 중생을 위하여 대희에 머무르는 까닭으로 회향하며, 일체 중생을 위하여 대사에 머무르는 까닭으로 회향한다.

두 가지 집착을 길이 여의고 수승한 선근에 머무르기 위한 까닭으로 회향하며, 일체 연기법을 사유하고 관찰하고 분별하여 연설하기 위한 까닭으로 회향하며, 크게 용맹한 깃대의 마음을 세우기 위한 까닭으로 회향하며, 이길 수 없는 깃대의 창고를 세우기 위한 까닭으로 회향하며,

모든 마군의 무리들을 깨뜨리기 위한 까닭으로 회향한다.

일체 법에 청정하고 걸림 없는 마음을 얻기 위한 까닭으로 회향하며, 일체 보살행을 닦아 퇴전하지 않기 위한 까닭으로 회향하며, 제일 수승한 법을 즐거이 구하는 마음을 얻기 위한 까닭으로 회향하며, 모든 공덕의 법에 자재하고 청정한 일체지의 지혜를 즐거이 구하는 마음을 얻기 위한 까닭으로 회향한다.

일체 원을 만족하며 일체 투쟁을

없애고 부처님의 자재하고 걸림 없
는 청정한 법을 얻어 일체 중생을 위
하여 물러나지 않는 법륜을 굴리기
위한 까닭으로 회향하며, 여래의 최
상인 수승한 법과 지혜의 태양을 얻
어서 백천 광명의 장엄한 바로 일체
법계의 중생을 널리 비추기 위한 까
닭으로 회향한다.

일체 중생을 조복하고 그 즐기는
바를 따라 항상 만족케 하되 본래의
서원을 버리지 않고 미래제가 다하도
록 바른 법을 듣고 큰 행을 닦아 익

히며, 청정한 지혜의 때가 없는 광명을 얻어 일체 교만을 끊어 없애고 일체 번뇌를 소멸하며, 애욕의 그물을 찢고 우치의 어둠을 깨뜨려서 때가 없고 장애가 없는 법을 구족하기 위한 까닭으로 회향한다.

일체 중생이 아승지겁 동안 일체 지혜의 행을 항상 부지런히 닦아 익혀서 퇴전하지 않으며, 낱낱이 걸림 없는 묘한 지혜를 얻고 모든 부처님의 자재한 신통을 나타내 보여 쉬는 일이 없게 하기 위한 까닭으로 회향한다.

　불자들이여, 보살마하살이 모든 선근으로 이와 같이 회향할 때에 마땅히 삼유와 오욕의 경계를 탐착하지 않아야 한다.

무슨 까닭인가?

　보살마하살은 마땅히 탐욕이 없는 선근으로 회향하며, 마땅히 성냄이 없는 선근으로 회향하며, 마땅히 어리석음이 없는 선근으로 회향하며, 마땅히 해치지 않는 선근으로 회향해야 한다.

마땅히 교만을 여읜 선근으로 회향하며, 마땅히 아첨하지 않는 선근으로 회향하며, 마땅히 질직한 선근으로 회향하며, 마땅히 정근하는 선근으로 회향하며, 마땅히 닦아 익히는 선근으로 회향해야 한다.

불자들이여, 보살마하살이 이와 같이 회향할 때에 깨끗한 신심을 얻고 보살의 행을 기쁘게 받아들이며, 청정한 큰 보살의 도를 닦아 익혀 부처님의 종성을 갖추어 부처님의 지혜를 얻는다.

일체 악을 버리고 온갖 마군의 업을 여의며, 선우를 친근하여 큰 원을 이루고서는, 모든 중생들을 청하여 크게 보시하는 법회를 베푼다.

불자들이여, 보살마하살이 다시 이 법보시로 생긴 선근으로써 이와 같이 회향한다.

이른바 일체 중생으로 하여금 깨끗

하고 미묘한 음성을 얻으며, 부드러운 음성을 얻으며, 하늘 북의 소리를 얻으며, 한량없고 수없고 부사의한 음성을 얻게 한다.

사랑스러운 음성을 얻으며, 청정한 음성을 얻으며, 일체 부처님 세계에 두루하는 음성을 얻으며, 백천 나유타 말할 수 없는 공덕으로 장엄한 음성을 얻게 한다.

높고 멀리 가는 음성을 얻으며, 광대한 음성을 얻으며, 일체 산란함을 없애는 음성을 얻으며, 법계에 충만한 음성을 얻으며, 일체 중생의 말을 거두어 취하는 음성을 얻게 한다.

일체 중생의 가없는 음성의 지혜를 얻으며, 일체 청정한 말과 음성의 지혜를 얻으며, 한량없는 말과 음성의 지혜를 얻으며, 가장 자재한 음성으로 일체 음성에 들어가는 지혜를 얻게 한다.

일체 청정하게 장엄한 음성을 얻으며, 일체 세간에서 만족하여 싫어함이 없는 음성을 얻으며, 끝까지 일체 세간에 얽매어 속하지 않는 음성을 얻으며, 환희한 음성을 얻으며, 부처님의 청정한 말씀의 음성을 얻으며, 일체 불법을 설하여 어리석음의 가림을 멀리 여의어서 명칭이 널리 들리는 음성을 얻게 한다.

일체 중생으로 하여금 일체 법다라니의 장엄한 음성을 얻으며, 일체 한량없는 종류의 법을 설하는 음성을 얻으며, 법계의 한량없는 대중이 모인 도량에 널리 이르는 음성을 얻게 한다.

불가사의한 법을 널리 거두어 지니

는 금강 같은 문구의 음성을 얻으며,

일체 법을 열어 보이는 음성을 얻으

며, 말할 수 없는 글자와 문구의 차

별을 능히 설하는 지혜장의 음성을

얻게 한다.

　일체 법을 연설하되 집착이 없고

끊이지 않는 음성을 얻으며, 일체 법

의 광명이 비치는 음성을 얻으며, 능

히 일체 세간으로 하여금 구경에 청

정하여 일체지에 이르는 음성을 얻

게 한다.

　일체 법의 문구와 뜻을 널리 거두

는 음성을 얻으며, 위신력으로 보호하고 유지하여 자재하고 걸림 없는 음성을 얻으며, 일체 세간의 피안에 이르는 지혜의 음성을 얻게 한다.

또 이 선근으로써 일체 중생으로 하여금 하열하지 않은 음성을 얻으며, 두려움이 없는 음성을 얻으며, 물들어 집착함이 없는 음성을 얻게 한다.

일체 대중이 모인 도량의 환희하는 음성을 얻으며, 수순하는 아름답고 미묘한 음성을 얻으며, 일체 불법을 잘 연설하는 음성을 얻게 한다.

　일체 중생의 의심하는 생각을 끊어 모두 깨닫게 하는 음성을 얻으며, 변재를 구족한 음성을 얻으며, 일체 중생의 긴 세월에 오랜 잠을 널리 깨우는 음성을 얻게 한다.

　불자들이여, 보살마하살이 다시 모든 선근으로 이와 같이 회향한다.

　이른바 일체 중생이 온갖 허물을 여읜 청정한 법신을 얻기를 원하며,

일체 중생이 온갖 허물을 여읜 깨끗하고 묘한 공덕을 얻기를 원하며, 일체 중생이 온갖 허물을 여읜 청정하고 미묘한 상을 얻기를 원하며, 일체 중생이 온갖 허물을 여읜 청정한 업의 과보를 얻기를 원한다.

일체 중생이 온갖 허물을 여읜 청정한 일체지의 마음을 얻기를 원하며, 일체 중생이 온갖 허물을 여읜 한량없이 청정한 보리심을 얻기를 원하며, 일체 중생이 온갖 허물을 여의고 모든 근을 밝게 아는 청정한 방편을 얻기를 원한다.

　일체 중생이 온갖 허물을 여읜 청
정한 믿음과 이해를 얻기를 원하며,
일체 중생이 온갖 허물을 여의고 걸
림 없는 행을 부지런히 닦는 청정한
원을 얻기를 원하며, 일체 중생이 온
갖 허물을 여의고 청정한 바른 생각
과 지혜와 변재를 얻기를 원한다.

　불자들이여, 보살마하살이 다시
모든 선근으로 일체 중생을 위하여

이와 같이 회향하면서 갖가지 청정하고 묘한 몸을 얻기를 원한다.

이른바 광명의 몸과 흐림을 여읜 몸과 물들지 않은 몸과 청정한 몸과 지극히 청정한 몸과 티끌을 여읜 몸과 지극히 티끌을 여읜 몸과 때가 없는 몸과 사랑스러운 몸과 장애가 없는 몸이다.

일체 세계에 모든 업의 영상을 나타내며, 일체 세간에 말하는 영상을 나타내며, 일체 궁전에 나란히 건립하는 영상을 나타내되, 깨끗하고 밝은 거울에 갖가지 색상이 자연히 나타나는 것과 같이 모든 중생들에게 큰 보리의 행을 보이며, 모든 중생들에게 매우 깊고 묘한 법을 보인다.

모든 중생들에게 갖가지 공덕을 보이며, 모든 중생들에게 수행하는 도를 보이며, 모든 중생들에게 성취하는 행을 보이며, 모든 중생들에게 보살의 행과 원을 보인다.

모든 중생들에게 한 세계에서 일체 세계의 부처님께서 세상에 출현하심을 보이며, 모든 중생들에게 일체 모든 부처님의 신통과 변화를 보이며, 모든 중생들에게 일체 보살의 불가사의한 해탈과 위력을 보이며, 모든 중생들에게 보현 보살의 행과 원을 원만히 성취하는 일체지의 성품을 보인다.

보살마하살이 이와 같은 등 미묘하고 깨끗한 몸으로써 방편으로 일체 중생을 거두어 취하여 모두 청정한 공덕과 일체 지혜의 몸을 성취케 한다.

불자들이여, 보살마하살이 다시 법보시로 생긴 선근으로 이와 같이 회향한다.

'원컨대 몸이 일체 세계를 따라 머무르면서 보살의 행을 닦으면 중생들이 보는 자가 모두 다 헛되지 아니하고 보리심을 내어 영원히 퇴전함이 없으며, 진실한 이치를 수순하여 움직일 수 없으며, 일체 세계에서 미래 겁이 다하도록 보살도에 머무르되 피로하고 싫어함이 없으며, 대비가 고르고 넓어서 양이 법계와 같으며, 중생들의 근성을 알고 때를 맞추어 법을 설하기를 항상 쉬지 않아지이다.

선지식을 마음이 항상 바르게 생각하되 내지 한 찰나 사이라도 버리지 아니하며, 일체 모든 부처님께서 항상 앞에 나타나시면 마음이 항상 바르게 생각하되 일찍이 잠깐도 게으르지 아니하고, 모든 선근을 닦아서 거짓이 없으며, 모든 중생들을 일체지에 두어서 퇴전하지 않게 하며, 일체 부처님의 법 광명을 구족하여 큰 법구름을 지니고 큰 법의 비를 받아서 보살의 행을 닦아지이다.

　일체 중생에게 들어가며, 일체 부처님 세계에 들어가며, 일체 모든 법에 들어가며, 일체 삼세에 들어가며, 일체 중생의 업보의 지혜에 들어가지이다.

　일체 보살의 선교방편 지혜에 들어가며, 일체 보살의 출생하는 지혜에 들어가며, 일체 보살의 청정한 경계의 지혜에 들어가며, 일체 부처님의 자재한 신통에 들어가며, 일체 가없는 법계에 들어가서, 여기에 편안히

머물러 보살의 행을 닦아지이다.'라
고 한다."

〈대방광불화엄경 제32권〉

아차보현수승행
무변승복개회향
보원침익제중생
속왕무량광불찰

시방삼세일체불
제존보살마하살
마하반야바라밀

我此普賢殊勝行
無邊勝福皆迴向
普願沈溺諸眾生
速往無量光佛剎

十方三世一切佛
諸尊菩薩摩訶薩
摩訶般若波羅蜜

大方廣佛華嚴經

부록

•

대방광불화엄경 목차

•

간행사

대방광불화엄경
목차

〈제1회〉

제1권　제1품　세주묘엄품 [1]

제2권　제1품　세주묘엄품 [2]

제3권　제1품　세주묘엄품 [3]

제4권　제1품　세주묘엄품 [4]

제5권　제1품　세주묘엄품 [5]

제6권　제2품　여래현상품

제7권　제3품　보현삼매품

　　　　제4품　세계성취품

제8권　제5품　화장세계품 [1]

제9권　제5품　화장세계품 [2]

제10권　제5품　화장세계품 [3]

제11권　제6품　비로자나품

〈제2회〉

제12권　제7품　여래명호품

　　　　제8품　사성제품

제13권　제9품　광명각품

　　　　제10품　보살문명품

제14권　제11품　정행품

　　　　제12품　현수품 [1]

제15권　제12품　현수품 [2]

〈제3회〉

제16권　제13품　승수미산정품

　　　　제14품　수미정상게찬품

　　　　제15품　십주품

제17권　제16품　범행품

　　　　제17품　초발심공덕품

제18권　제18품　명법품

〈제4회〉

제19권　제19품　승야마천궁품

　　　　제20품　야마궁중게찬품

　　　　제21품　십행품 [1]

제20권　제21품　십행품 [2]

제21권　제22품　십무진장품

〈제5회〉

제22권　제23품　승도솔천궁품

제23권　제24품　도솔궁중게찬품

　　　　제25품　십회향품 [1]

제24권　제25품　십회향품 [2]

제25권　제25품　십회향품 [3]

제26권　제25품　십회향품 [4]

제27권　제25품　십회향품 [5]

제28권　제25품　십회향품 [6]

제29권　제25품　십회향품 [7]

제30권　제25품　십회향품 [8]

제31권　제25품　십회향품 [9]

제32권　제25품　십회향품 [10]

제33권　제25품　십회향품 [11]

〈제6회〉

제34권　제26품　십지품 [1]

제35권　제26품　십지품 [2]

제36권　제26품　십지품 [3]

제37권　제26품　십지품 [4]

제38권　제26품　십지품 [5]

제39권　제26품　십지품 [6]

〈제7회〉

제40권　제27품　십정품 [1]

제41권　제27품　십정품 [2]

제42권　제27품　십정품 [3]

제43권　제27품　십정품 [4]

제44권　제28품　십통품

　　　　제29품　십인품

제45권　제30품　아승지품

　　　　제31품　수량품

　　　　제32품　제보살주처품

제46권　제33품　불부사의법품 [1]

제47권　제33품　불부사의법품 [2]

제48권 제34품 여래십신상해품

　　　　제35품 여래수호광명공덕품

제49권 제36품 보현행품

제50권 제37품 여래출현품 [1]

제51권 제37품 여래출현품 [2]

제52권 제37품 여래출현품 [3]

〈제8회〉

제53권 제38품 이세간품 [1]

제54권 제38품 이세간품 [2]

제55권 제38품 이세간품 [3]

제56권 제38품 이세간품 [4]

제57권 제38품 이세간품 [5]

제58권 제38품 이세간품 [6]

제59권 제38품 이세간품 [7]

〈제9회〉

제60권 제39품 입법계품 [1]

제61권 제39품 입법계품 [2]

제62권 제39품 입법계품 [3]

제63권 제39품 입법계품 [4]

제64권 제39품 입법계품 [5]

제65권 제39품 입법계품 [6]

제66권 제39품 입법계품 [7]

제67권 제39품 입법계품 [8]

제68권 제39품 입법계품 [9]

제69권 제39품 입법계품 [10]

제70권 제39품 입법계품 [11]

제71권 제39품 입법계품 [12]

제72권 제39품 입법계품 [13]

제73권 제39품 입법계품 [14]

제74권 제39품 입법계품 [15]

제75권 제39품 입법계품 [16]

제76권 제39품 입법계품 [17]

제77권 제39품 입법계품 [18]

제78권 제39품 입법계품 [19]

제79권 제39품 입법계품 [20]

제80권 제39품 입법계품 [21]

간 행 사

　귀의삼보 하옵고,

　『대방광불화엄경』의 수지 독송과 유통을 발원하면서 수미정사 불전연구원에
서 『독송본 한문·한글역 대방광불화엄경』과 『사경본 한글역 대방광불화엄경』
을 편찬하여 간행하게 되었습니다.

　『화엄경』은 우리나라에 전래된 이래 일찍부터 사경되고 주석·강설되어 왔으
며 근현대에 이르러서는 『화엄경』의 한글 번역과 연구도 부쩍 많이 이루어졌습
니다. 그만큼 『화엄경』이 우리 불자님들의 신행과 해탈에 큰 의지처가 되었던
것임을 알 수 있습니다.

　『화엄경』을 독송하고 사경하는 공덕은 설법 공덕과 함께 크게 강조되어 왔
습니다. 그리하여 수미정사 불전연구원에서도 『화엄경』(80권)을 독송하고 사경
하는 데 도움이 되도록 한문 원문과 한글역을 함께 수록한 독송본과 한글역
의 사경본 『화엄경』 간행불사를 발원하였습니다. 이 『화엄경』 간행불사에 뜻을
같이하여 적극 후원해주신 스님들과 재가 불자님들께 깊이 감사드립니다. 또한
『화엄경』을 수지 독송할 수 있도록 경책의 모습으로 장엄해 주신 편집위원들과
담앤북스 출판사 관계자들께도 고마움을 표합니다.

　끝으로 이 불사의 원만 회향으로 『화엄경』이 널리 유통되고, 온 법계에 부처
님의 가피가 충만하시길 기원드립니다.

　나무 대방광불화엄경

불기 2564년 '부처님오신날'을 봉축하며
수미해주 합장

위태천신(동진보살)

수미해주 須彌海住

동국대학교 명예교수
중앙승가대학교 법인이사
대한불교조계종 수미정사 주지

사경본 한글역
대방광불화엄경 제32권

| 초판 1쇄 발행_ 2023년 1월 24일

| 엮은이_ 수미해주
| 엮은곳_ 수미정사 불전연구원
| 편집위원_ 해주 수정 경진 선초 정천 석도 박보람 최원섭
| 편집보_ 무이 무진 지욱 혜명

| 펴낸이_ 오세룡
| 펴낸곳_ 담앤북스
　　　　서울특별시 종로구 새문안로3길 23 경희궁의 아침 4단지 805호
　　　　대표전화 02)765-1251 전자우편 damnbooks@hanmail.net
　　　　출판등록 제300-2011-115호
| ISBN_ 979-11-6201-395-3 04220